복 받는 길

복 받는 길

손윤탁 지음

나는 참 복을 많이 받은 사람이다.

가난한 농촌 마을에서 태어나 어려운 여건 가운데에서도

단 한 번도 주어진 환경에 대해 불평하지 아니하고

늘 긍정적인 생각만으로 남부럽지 않게 공부했다.

시골에서 나올 때 까지 교회라고는 구경도 못 했다.

예수님을 믿으라는 소리는 들어 본 적도 없다.

더구나 성경이라곤 단 한 번도 만져본 적이 없다.

그러나 고등학교 때에 처음으로 교회에 나갔으며

누구보다 하나님의 큰 사랑을 체험하게 됨으로

'복 받는 길' 을 걷게 되었으며, '복 받은 사람' 이 되었다.

부족하기 이를 데 없는 사람이 하나님의 은혜로

학교에서도 한 번도 조회 시간에 뒷자리에 서본 적이 없었다.

전교 어린이 회장, 학생회장, 학생대대장, 학군단명예위원장...
그래서 일찍부터 학생들을 가르칠 수 있는 자리에 있었고
누구보다 많은,
그것도 전국 각처에,
분야 분야마다 선생보다 몇 배나 나은 제자들을 두게 되었다.

이 책은 이와 같은 제자 분들의 사랑으로 편집된 것이다.
부족한 나는 교회에서 성경 말씀인 팔복을 설교했을 뿐이다.
물론 이러한 복을 받은 사람으로서 나누고 싶은 마음이 간절했지만
책으로 출판 할 생각은 전혀 하지 못하고 있었다.
그러나 60년 세월을 살아 온 부족한 제게
선생의 흔적이라도 남기기 위해 설교 문들을 정리해 준다고 하기에
별안간 아직도 하나님의 복을 알지 못하는 이들에게
적어도 '산상보훈' 중 팔복이라도 소개한다면
이들도 나와 같은 복을 받지 않을까 하는 욕심이 생겼다.
이 일에 쉽게 동의하셔서 적극 출판하도록 이끄신 분은
신학대학원 동기인 '따스한 이야기' 대표이신 김현태 목사님이시다.
훌륭하신 동역자들이 곁에 계신다는 것도 정말 행복한 일이다.
한편으로는 제자들에게 부끄러운 마음뿐이고
또 한편으로는 매만 들고 다니던 부끄럽기 그지없는 선생이었지만

용서를 비는 마음으로 '복된 길'로 인도하는 것도
대단히 가치가 있는 일이라 여겨 선뜻 원고를 정리하였다.

"선생님을 생각하면 죽도록 얻어맞은 일과 선생님의 종아리를
우리가 직접 때린 일 밖에 기억나지 않습니다"라는 이야기가
지금 나에게 그렇게 고마울 수밖에 없는 것은
지금이라도 사랑하는 제자들을 생각하며
기도할 수 있기 때문이다.

편집과 사진 정리를 맡아 수고해 주신 손우정 목사님과
부족한 저를 선생으로 알고 따르신 '선교와 목회' 전공 박사님들께
그리고 오랜 세월이 지났음에도 못난 스승을 기억해준 제자들에게
다시 한 번 머리 숙여 감사를 드리며
40여 년을 함께 살며 도와준 아내 정길자 박사에게도
이번 기회를 통하여 머리 숙여 고마운 마음을 전하고 싶다.

2015년 4월 22일

손 윤 탁

가르치는 자리(교사)에 이르기까지
중학시절, 고교시절 그리고 대학시절과 20대교사

학생회장 겸 연대장이라
고교시절은 늘 교련복이다

content

머 리 말   05

1. 제자들이 나아온지라   15

2. 심령이 가난한 자   31

3. 애통하는 자   45

4. 온유한 자   61

5. 의에 주리고 목마른 자   79

6. 긍휼히 여기는 자의 복   97

7. 마음이 청결한 자   113

8. 아들의 조건 : 화평케 하는 자   129

9. 고난도 복입니다   145

10. 세상의 빛과 소금이 되라   163

편집후기   178

복을
받는 사람들이
되기 위하여

'복을 받은 사람'의 사진을 통한 간증!
말씀대로 살면 틀림없이 복을 받는다.
예수님의 '산상보훈'도 『팔복』으로부터 시작된다.

제자들이
나아온지라

예수께서 무리를 보시고 산에 올라가 앉으시니

제자들이 나아온지라 입을 열어 가르쳐 이르시되

(마태복음 5:1–2)

누가는 예수님을 하나님이시지만

사랑과 자비가 충만한 인간으로 이 땅에 오셨음을 강조합니다.

그래서 누가복음을 읽으면 인정이 많으신 주님을 만나게 됩니다.

선한 사마리아 사람의 이야기,

돌아온 탕자의 이야기,

삭개오의 이야기나 부자와 나사로의 이야기 등은

다른 복음서에서 볼 수 없는 내용들입니다.

반면에 마가복음은 예수님을 섬기는 종으로 표현합니다.

예수님을 비난하는 바리새인들이나 무리들이 있을 지라도

제자들의 배신과 저주에도 불구하고
사랑의 눈길로 묵묵히 소처럼 섬기시는 예수님을 보게 됩니다.
물론 요한복음은 공관복음인 마태나 마가나 누가복음과는 달리
위로부터 임하신 하나님!
그래서 매우 주관적인 표현으로 예수님을 표현합니다.
나는 길이다, 진리다, 생명이다, 목자다, 포도나무라고
스스로 "나는 ~이다"라는 방식으로 예수님을 소개합니다.

서두에 이 말씀을 드리는 것은
마태복음은 다른 복음서와는 그 무게가 다르기 때문입니다.
우선 복음서의 수신자가 유대인들입니다.
구약성경을 배경으로 하고 있습니다.
기록된 언어조차도 신약성경이 모두 헬라어로 기록되어 있으나
마태복음만은 아람어로 기록되어 있으며
예수님을 구약성경에서 예언된 메시아라고 강조하고 있습니다.
그래서 마태복음의 예수님은 '왕으로 오신 예수님' 입니다.

만군의 여호와 하나님!
그 분은 감히 인간으로서는 근접할 수 없는 지존하신 분이시며
만왕의 왕이신 하나님이십니다.

그러나 그 분이 찾아 오셨습니다.
복을 주시기 위해서입니다.

하나님 나라를 가르쳐 주시고
천국 복음을 선포하시되
각색 병든 자들과 약한 자들을 고쳐주셨습니다(마 4:23).

무리를 보시고

팔복은 산에 올라가 앉으셔서 가르치신 내용입니다.
그래서 흔히 '산상보훈' 혹은 '산상수훈' 이라고 합니다.
마태복음 5장, 6장, 7장입니다.
인도의 간디까지도 산상보훈이 만든 사람이라고 할 정도로
산상수훈은 신자나 불신자 모두가 가장 보배로운 교훈으로
받아들입니다.
그 가운데에서도 가장 먼저 말씀하시고
가르쳐 주신 것이 '팔복' 입니다.

중요한 것은

이 교훈을 제자들에게 말씀하셨으나
주께서 산 위에 앉으셔서 그 입을 여신 이유는
"무리를 보시고"고 가르치셨다는 것입니다.

성경 주석가들은 이 '무리' 를
마태복음 4장 25절의 '수많은 무리' 들을 의미한다고 보았습니다.
예수님의 가르치심과 선포, 치유의 능력을 보고 따르는 사람들,
소위 민중들이라고 할 수 있습니다.

" 그의 소문이 온 수리아에 퍼진지라
　사람들이 모든 앓는 자
　곧 각종 병에 걸려서 고통당하는 자,
　귀신 들린 자, 간질 하는 자, 중풍병자들을 데려오니
　그들을 고치시더라.
　갈릴리와 데가볼리와 예루살렘과 유대와 요단 강 건너편에서
　수많은 무리가 따르니라 "
(마 4:24-25)

결국 본문을 포함하여 3절부터 시작되는 산상보훈의 청중은
실제적으로는 제자들이 아니었습니다.

제자들이 주님 앞으로 나아왔고
예수님은 나아온 제자들에게 말씀하셨습니다.
그러나 주님께서 말씀하신 이유와 목적은 무리들입니다.
바로 이 무리들의 변화를 기대하시고
주님은 제자들에게 말씀하시고 가르치신 것입니다.

산에 올라가 앉으시니

산상보훈에 해당하는 누가복음의 내용은
산위에서 말씀하신 것이 아니라 평지로 기록되어 있습니다.

" 예수께서 그들과 함께 내려 오사 평지에 서시니 "

(눅 6:17)

물론 누가복음에도 "그 제자의 많은 무리와"
찾아온 많은 백성들이 언급됩니다.
그리고는 8복과 유사한 4복4화(四福四禍)를 선포하십니다.
복을 뒤집어 놓으면 화가되고
화를 뒤집어 놓으면 복이 되므로

실제로는 같은 내용이라고 보아야 합니다.

그러므로 본문의 '산'과 누가복음의 '평지'는
같은 장소를 다른 방법으로 묘사한 것으로 봅니다.
산에서 내려오시되 평평한 곳에 이르러 말씀하셨으므로
전승에 의하면 이곳은 미(美)의 산이라 부르는 곳으로
디베랴 바다의 북서쪽으로 약 8 Km쯤 떨어진 곳으로
이 산의 높은 곳에 넓은 평지가 있다고 합니다.
이 산을 신약의 '시내산'이라 불렀다고도 합니다.
이미 언급한 것처럼
산에 올라가 앉으시니 제자들이 나아온지라
예수님은 제자들에게 말씀하셨습니다.
수많은 무리들에게 직접 말씀하신 것도 사실이지만
또 그렇게 주장하는 이들도 많이 있지만
본문의 내용으로 보아 분명히 제자들에게 말씀하셨고
그 제자들이 자기에게 소속된 무리들에게 나아가
듣고 받은 그 말씀을 가르친 것으로 보아야 합니다.

누가복음의 내용을 확인하면 더 분명한 것이
설교의 청중들을 표현하기를

"제자의 많은(허다한) 무리"(눅 6:17) 라고 기록하였습니다.
'제자의' 무리라고 표현한 것으로 보아
열 두 제자들에게 속한 각각의 성경공부 그룹이 있어서
오늘날의 분반공부와 같은 형태가 아니었을까 추정합니다.

산상보훈이나 팔복은
열 두 제자들을 세우신 후에 말씀하신 것은 분명하나
넓은 의미에서 제자들인 '우리들을' 지칭하는 것이 옳습니다.
그래서 우리들도 주님의 가르치심에 순종하여야 하지만
이 가르침을 널리 세상 모든 사람에게 가르침으로
세상 사람들이 다 복 받는 사람이 되고
복된 길로 가야만 하기 때문입니다.
우리 주님께서 산에서 가르치신 산상수훈이나 팔복은
결코 세속적인 길이나 복을 이야기하신 것이 아니었습니다.
진정한 행복은 물질적인 풍요나 평안한 환경이 아니라
영적인 풍요로움과 내적인 샬롬(평강)에서 오는 것입니다.
그러므로 산위에서 선포하신 주님의 팔복 선언은
이 땅에 거하는 모든 이들에게 꼭 필요한 교훈인 것입니다.

입을 열어
가르쳐 이르시되

친히 '입을 여셨다' 는 표현은 유대식의 표현입니다.

구약성경에서도 하나님이

'선지자의 입을 통하여' 말씀하신 것을 강조합니다.

신약성경에서도 이러한 방법을 자주 사용합니다.

"빌립이 입을 열어"(행 8:35),

"바울이 입을 열고자 할 때에"(행 18:14)와 같은 표현은

가르침의 권위와 엄숙함을 표현한 것으로 보았습니다.

하나님께서, 혹은 주님께서

친히 입을 열어 말씀하셨다는 것입니다.

주님의 가르치심!

남정우 박사는 '가르친다' 는 말을

'가른다' 와 '친다' 는 말이 합해져서 된 말로 풀이했습니다.

'가른다, 가리다' 는 말은 '구별한다. 선택한다' 는 의미도 있지만

'덮어준다. 부족한 것을 가려준다' 는 의미도 있습니다.

예수님은 우리들을 특별히 구별하시고 선택해 주셨습니다.

그리고 허물을 덮어주시고 가려주신 분이십니다.

'친다' 는 말은 '때린다. 다스린다' 는 뜻도 있지만
'양을 친다' 는 말에서 보는 것처럼
'양육한다. 키운다. 돌본다' 는 의미도 있습니다.
때로는 매로 때리기도 하시지만
칭찬하시고 격려하시며 먹이시고 키우시는 우리 주님이십니다.
우리 주님께서 제자들에게
허다한 무리들에게
주님을 믿고 따르는 우리들에게
그리고 온 세상의 모든 사람들에게
친히 입을 여셔서 가르치신 말씀이기에
팔복이요, 산상수훈입니다.
누구나 들어야 할 말씀입니다.
마음이 저리고 아프도록 깨달아야 합니다.
복, 복하는 우리들을 치시는 말씀이기 때문입니다.
그러나 이 말씀은 우리들에게 양식이 되고
힘이 되는 생명의 말씀입니다.

힘들어도
아파도
따르고 순종하는 성도들이 되시기 바랍니다.

이 말씀으로 말미암아 승리하는 성도들!
참된 복을 받는 믿음의 사람들이 되시기 바랍니다.

묵상과
적용

01 열 두 제자를 부르신 예수님께서 우리들도 불러주셨다는

    개인적인 확신을 나름대로 정리해 봅시다.

    _____

    _____

    _____

02 내가 지금까지 생각한 복은 어떤 것이었습니까?

    예수님께서 산상보훈 중에서도 먼저 팔복을 말씀하신 이유를 생각해 봅시다.

    _____

    _____

    _____

03 참된 '가르침'의 의미가 무엇인지 묵상해 보고

    주님의 제자로서 내가 가르쳐야 할 대상과 내용이 무엇인지 확인해 봅시다.

    _____

    _____

대학생활 2년동안도 군사훈련(학군단 대대장)으로 보냈으나
이때부터 가르치는 일을 시작하다(맨 아래 교복 차림이 손우정목사이며 손태정목사)

세례교인이 되자마자 바로 교회학교 교사로 임명받았으며,
대학졸업 후 첫 사역지도 부산경남여상 총각선생으로 기숙사사감까지 맡았습니다.

심령이
가난한 자가 되자

"
심령이 가난한 자는 복이 있나니
천국이 그들의 것임이요
"

(마 5:3)

가난의 문제는 단순하지 않습니다.

온 시대의 문제이자 모든 인류의 문제입니다.

궁핍하다는 것은 물질에만 해당되는 문제가 아닙니다.

그래서 더 복잡하고 어려운 문제인지도 모르겠습니다.

그런데 문제는 어느 시대에도

이 가난을 복으로 생각한 적이 없다는 것입니다.

그러나 예수님은 이 복을,

그것도 산상수훈 중에 가장 먼저 팔복을,

그 팔복 가운데에서도 첫 번째로

심령이 가난한 자가 복이 있다고 말씀하셨습니다.
그리고 천국이 저희 것이라고 선언하셨습니다.

'가난한 자'에 대한
본래적인 의미

'가난'이라는 단어 자체는
본래 재산과 관계된 용어입니다.
가난은 '재산을 상실하여
큰 불행 속에서 방황하는 상태'를 의미합니다.

구약성경의 70인 역에서도 '신체의 연약함'
혹은 '파산된 상태'로 가난을 표현했습니다.
성경에 등장하는 히브리어 가난은
'의존한다'는 의미로 사용됩니다.
이 단어는 대단히 많이 등장합니다.
시편 23편에서도
"여호와는 나의 목자시니 내게 부족함이 없다"로,
신명기(15:4, 7, 11)나 아모스(4:1)에서는

사회적으로 힘이 없는 사람으로,

출애굽기(23:6, 11)나 예레미야(2:34, 5:28)나

에스겔(16:49, 18:12, 22:29)은

착취를 당하는 자를 '아비욘' (가난한)으로 표현합니다.

욥은 스스로 무지하고,

깨닫지도 못하는 낮고 천한 자로(욥 42:3 이하)

이 단어를 사용합니다.

그러나 대부분의 성경학자들은

구약성경에서 "나는 가난하고 궁핍하오니"라고 하는 말은

대단히 신앙적이면서도

하나님에 대한 신뢰와 위임을 표현하는 것으로서

스스로 자신을 낮추는

가장 겸손한 자들이 쓰는 말로 보고 있습니다.

신약성경에서도

가난을 의미하는 '페네스'는

먹고 살기 위해 힘들게 노동을 해야 하는 사람들(고후 9:9),

'프토코스'는 영적으로 가난을 깨달은 사람들(눅 18:13)

특히 '가슴을 치는 세리' 등을 의미합니다.

물론 이 단어를 그대로 번역하면
'부족하다. 구걸한다' 는 뜻이지만
예수님의 교훈(눅 4:18, 14:21, 막 12:41-44, 10:21)을 보면
천국과의 관계를 말씀하심으로
이 단어가 우리의 믿음과 관련된 것임을 알 수 있습니다.

그러므로 팔복의 첫 번째로 말씀하신 이 가난의 문제는
심령과 깊은 관련이 있으며,
단순한 물질적 가난이나
육체적 연약함을 의미하는 것이 아니라
신앙적인 겸손과
하나님 앞에 선 고백과 연관된 것임이 분명합니다.

심령이 가난한 자

심령은 마음을 가리키는 말인 동시에
육체와는 상대적인 개념(고전 2:14-15)으로 볼 수 있습니다.
신구약 성경에 나타난 '가난' 이라는 단어가
'겸손' 과 '고백' 그리고 '의지' 라는

신앙적인 의미를 가지고 있기 때문에
심령이 가난한 자에 대한 특징을 쉽게 찾아볼 수 있습니다.

먼저 구약성경을 찾아보면
심령이 가난하기 때문에
자신이 늘 죄인인 것을 깨닫습니다(시 51:17, 사 64:6).
그래서 날마다 하나님의 은혜를 사모하며(시 42:1),
항상 하나님 앞에서 자신을 되돌아보는
겸손함을 잊지 않습니다(사 57:15).

신약성경에도
심령이 가난한 자의 모습을 읽을 수 있습니다.
어린 아이처럼 심령이 순수한 자(마 18:3),
하나님을 찬양하며(눅 1:46-48),
항상 자신을 부인하고 포기하며(눅 9:23),
천국을 사모하는 열정을 가진 자(골 3:1-2)가 가난한 자입니다.

가진 것이 많아도,
아는 것이 많아도,
자랑할 것이 많아도

자신의 모습이 정말 약한 것임을 알고(고전 1:26-31)
적은 것으로도 언제나 감사하는 자가
바로 심령이 가난 한 자의 참 모습인 것입니다.

결국은 신구약 성경은
우리 모두가 심령이 가난한 자가 되어야 한다는 말이며,
또 심령이 가난한 자가 되어야
천국이 나의 것이 된다는 것입니다.

천국을 소유하는 복

'복 있는 사람'에 대한 성경을 기억하시는지요?
물론 지나친 기복주의는 문제입니다.
그러나 실제로 우리들은 복을 받아야하고
복 받는 사람이 되려고 교회에 나왔습니다.

어떤 사람이 복을 받습니까?
시편 1편을 통하여 확인합니다.
악인의 꾀와 죄인의 길, 오만한 자의 자리를 피하는 자,

여호와의 율법을 즐거워하며 주야로 묵상하는 자,

시냇가에 심은 나무처럼

모든 행사를 주께 의지하는 자라고 했습니다.

복 중에도 현세적인 복과 신령한 복을 구별하되,

세상적인 복은 아내(잠 18:22)와 자녀(창 49:25),

자손(창 26:24, 28:3)의 복과

부(신 15:4)와 건강(출 23:25)과 장수(시 9:16, 엡 6:1-3)의 복,

범사가 형통하며(요삼 2)

장애물(시 119:165, 잠 10:22)이 없는 복이지만,

그러나 진정한 복의 근원은 신령한 복일 것입니다.

그래서 복 중의 복은 여호와께 인정받고,

하나님과 가까이 하는 것(시 73:28)이며,

죄 사함 받고

하나님의 자녀로 영생을 누리는 것(엡 1:3-6)이며,

왕으로 좌정하신 주를 모심으로

참 평강(시 29:10-11)을 누리는 복입니다.

그래서 예수님께서도

당당하게 제자들에게 팔복을 선언(마 5:3-12)하십니다.
복 중의 가장 큰 복이 천국을 소유하는 것인데
그것이 바로 심령이 가난해야 받는 복이라고 말씀하고 있습니다.

참된 복은
결코 자신만을 위한 것이 아니라
하나님의 영광을 위하여,
이웃과 세상을 위하여,
영원한 하나님 나라를 위하여 주신 복이라고 하였습니다.

그러나 이것을 영적으로만,
혹은 심령으로만 가난해야 한다는 것은 아닙니다.

가진 것이 많아도 가난하게 살아야 합니다.
아는 것이 많아도 늘 배우는 자세가 필요합니다.
지금 내가 건강하고 풍족하고
모든 것이 충만하다 할지라도
그것이 어디로부터 온 것이며,
그 주인이 누구인가를 늘 분별하며 살아야 합니다.
"모든 것이 주께로부터 왔사오니…"

이러한 청지기적인 고백이 필요합니다.

그래서 청빈한 삶이 강조되고,

수도사들도, 경건주의자들도,

우리 믿음의 선배들도 그렇게 살았던 것입니다.

그래서 강조합니다.

청지기의 고백은

하나님의 소유권과 사용권 그리고 감사권을 인정하되,

시시때때로 회수권을 가지신 하나님을 인정하라고 말씀드립니다.

우리 모두는 가난한 자들입니다.

세상에서 그렇게 살라는 것은 아닙니다.

때로 당당해야 하기 때문입니다.

그러나 하나님 앞에서는 분명 가난한 자들입니다.

묵상과
적용

01 가난의 본래적인 의미가 무엇인지를 정리합시다.

_____

_____

_____

02 성경에서는 가난한 자가 누리게 될 복을 무엇이라고 말씀하고 있습니까?

 팔복 중 심령이 가난한 자의 복이 첫 번째인 이유는 무엇일까요?

_____

_____

_____

03 나 자신의 거울로 삼기 위한

 '심령이 가난한 자'로서의 구체적인 모습을 열거해 봅시다.

_____

_____

평생을 가난하게 살기로 결심한 줄 알면서도 결혼해 준 아내가 고맙다. 주님 외엔 아무 것도
소유하지 않겠다는 결심이 없었다면 하나님은 '정길자'라는 천사를 보내주시지 않았을 것이다.

애통하는
자가 되라

애통(哀痛)이라는 말을 해석하면
'가슴이 아플 정도로 너무나 큰 슬픔'을 의미합니다.
종교적으로 '가슴을 치며 통곡하는 모습'으로 표현되지만
일반적으로는 '슬픔'을,
신앙적으로는 '회개'를 지칭하는 말입니다.

본문의 "애통하는 자"는 이 두 단어를 모두 사용합니다.
풀어서 쓰면 철저한 회개와 죄에 대하여 슬퍼하는 자는
하나님으로부터 위로를 받게 될 것이라는 내용입니다.

'회개' 하는
자가 되어야 합니다.

히브리어의 회개(슈브)는 '돌아선다, 돌이킨다,
방향을 전환하다' 라는 의미입니다.

"오라 우리가 여호께 돌아가자!" (호 6:1)는
호세아 선지자의 외침이지만
이사야(사 6:10, 10:22)나 예레미야(렘 4:1, 5:3)의 선포 중에도
확인할 수 있습니다.

그래서 이들은 회개를 입증하는 방법으로서
금식, 베옷을 입는 것, 재를 뒤집어쓰거나
통곡과 같은 행위를 하였습니다.

이에 반대되는 행위는
범죄나 불순종, 불경건, 불신앙, 불신 등 입니다.

신약성경은 회개(메타노이아)를
대개 동사형(메타노에오)으로 사용하였기 때문에

'마음을 바꾸다'는 의미로 많이 사용되었습니다.
이 단어는 우리말로 번역하는 과정에서
몇 가지의 문제점을 발견하게 되는 데,
우리말로는 마음을 바꾸는 것을
회심(回心 혹은 悔心)이라고 합니다.

그런데 히브리어는 마음을 바꾼다,
마음을 돌이킨다는 말을
'마음'(레브)이라는 단어와 함께 썼습니다(슈브 레브).
그래서 이 단어를 구별하기 위하여
'슈브'를 회심이라 하지 아니하고
'회개'라고 한 것으로 추측합니다.

그러나 우리말로 '회개'라는 말은
'고백한다'(confess)는 말을 포함합니다.
일반적으로 '죄를 고백하자'고 이야기하는 것이 아니고
'죄를 회개하자'고 이야기하기 때문에
지엽적이고 사변적인 입씨름이 생기게 된다는 점도
참고로 알 필요가 있습니다.

슬퍼하는 자

히브리어의 슬픔(사파드)은
몇 가지의 의미를 가지고 있는 반면,
헬라어의 슬픔은
오히려 몇 가지의 다른 표현들을 사용합니다.

히브리인들은 애처로운 것을 보고 느끼는 슬픔(연민),
후회와 탄식의 슬픔,
고통과 아픔으로서의 슬픔이지만,
희랍인들의 슬픔은
고통이라는 의미가 강한 '뤼페' (기쁨의 반대 개념),
'펜도스' (비탄), '오뒤로마이' (애도) 등
비슷한 의미지만
성경 여기저기에 다른 표현들이 나타납니다.

같은 슬픔이지만
가슴 속에 파고드는 슬픔이나
통곡하고 울부짖어야 하는 상황을 생각한다면
우리 성경의 표현대로

'애통'이라는 번역이 가장 적절한 것 같습니다.

그러나 예수님의 산상보훈에 기록된 팔복 중에,
두 번째로 말씀하신 '애통하는 자'라는 표현 속에는
단순히 타인에 대한 동정으로서의 슬픔이나
애도하는 정도가 아니라
더 이상 참을 수 없는 간절함이 배어 있는
'고통 중에 부르짖는 슬픔'이 분명합니다.

죄로 인한 슬픔이기에
애통하며 회개해야 합니다

결국 예수님께서 말씀하신 "애통하는 자"는
회개와 슬픔을 모두 담고 있는 의미입니다.

" 슬프고 아프다.
　내 마음 속이 아프고 내 마음이 답답하여
　잠잠할 수 없으니…"

(렘 4:19)

" 하나님이여 주의 인자를 따라

내게 은혜를 베푸시며

주의 많은 긍휼을 따라 내 죄악을 지워주소서.

나의 죄악을 말갛게 씻으시며

나의 죄를 깨끗이 제하소서.

무릇 나는 내 죄과를 아오니

내 죄가 항상 내 앞에 있나이다 "

(시51:1-3)

우리 인생에는 슬픔이 있습니다.

선악과로 인한 후회가 있습니다.

그래서 탄식합니다.

부르짖습니다.

돌이킵니다.

회개합니다.

돌아섭니다.

이것을 회심이라고 합니다.

그럴 때에

주시는 복이 있다고 선언한 것이기 때문에

팔복 중의 두 번째 복은 기독교 복음의 진수입니다.

마음이 가난한 자가
우리 자신에 대한 고백적인 것이라면,
두 번째 애통하는 자의 복은
하나님의 자녀가 되는 길을 제시하는 복음입니다.
단순한 슬픔이 아닙니다.

저희가
위로를 받을 것임이요

슬퍼하는 자가 위로를 받는 것은 당연합니다.
그러나 신비하게도 히브리어의 '위로' (니후밈)는
'안위하다. 안식하다. 평안하다' 는 뜻과 함께
'후회한다. 한탄하다' 는 의미가 함께 담겨 있습니다.

애통하는 자와 위로가
함께 따라 다니는 것을 봅니다.
동시에 이 위로는

단순하게 위안이 되는 몇 마디의 말이 아니라
평강, 평안, 안식과 관계된 위안입니다.

구체적인 의미는
신약의 용어로 확인할 수 있습니다.
특히 본문 마태복음 5장 4절의 '위로' 는
'파라칼레오' 라고 하는 데,
이는 '파라' (곁으로)와 '칼레오' (부른다)의 합성어로
애통해 하는 자, 회개하는 자, 회심하는 자,
자신의 죄로 인하여 슬퍼하는 자를
주님은 '자신의 곁으로 부르신다' 는 것입니다.

이러한 의미로 볼 때
이 '위로' 는 복음 자체이며,
더구나 죄의 문제라면
복음 외에는 위로의 방법이 없습니다.

그러므로 진정한 회개의 눈물은
결국 슬픔의 눈물이 아니라
주님 앞에서 기쁨의 눈물이 된다는 사실이 자명합니다.

위로 받은 자의 사명
: 위로하는 자가 되어야 합니다.

성경학자들은
'애통하는 자로서 복을 받은 자'의 상징으로
'아브라함의 품'(눅 16:22)을 자주 예로 듭니다.
부자의 대문 앞에 있던 거지 나사로가 죽어서
아브라함의 품에 안겨 있는 모습을 두고 하는 이야기입니다.
그러나 아브라함의 품에 안긴 그는 아무 것도 할 수 없습니다.

부자의 애절한 부르짖음에도
아무런 결과를 얻을 수 없지만
죽은 나사로가 부자를 위하여 할 수 있는 일도 없습니다.

중요한 것은 우리들이 위로를 받은 자로서
위로 받지 못하는 그들을 위해서
할 수 있는 일이 없기 때문에
이 땅에서 주어진 사명이 중요하다는 것입니다.

팔복이 누가복음에서는 4복 4화로 기록되어 있습니다.

"복이 있나니", "복이 있나니"로 나아가다가
다섯 번째부터는 "화 있을 진저"로 표현되어 있습니다.

누가복음에 나타난 두 번째의 복은
"지금 우는 자는 복이 있나니
너희가 웃을 것임이요"(눅 6:21)라고 선언합니다.
바로 이어서 우리들이
하나님과 같은 위로자가 될 것을 주문합니다.

" 너희 아버지의 자비로우심 같이

너희도 자비로운 자가 되라 "

(눅 6:36)

교회 밖에서도 애통하는 자가 있지만
교회 안에서도 마찬가지입니다.

" 서로 돌아보아 사랑과 선행을 격려하며

모이기를 폐하는 어떤 사람들의 습관과 같이 하지 말고

오직 권하여 그 날이 가까움을 볼수록 더욱 그리하자 "

(히 10:24-25)

묵상과
적용

01 궁극적으로 우리는 무엇 때문에 애통해 하는 것인지 분명하게 확인합시다.

_____

_____

_____

02 하나님께서 애통하는 자를 어떤 방법으로 위로하십니까?

    참된 구원과 우리들의 응답하는 과정을 생각해 보고

    우리 자신을 돌아보고 기도합시다.

_____

_____

_____

03 위로 받은 자로서의 사명이 무엇인지 알아보고

    우리들의 위로가 필요한 이웃의 명단을 작성하여 봅시다.

_____

_____

애통하는 자와 함께

1997년 교회학생들과 '우리집(고아원)' 방문과 2002년 캄보디아 방문 모습

초등학교 교사의 방학은 주로 봉사활동과 연수로 채워진다.
지금은 사라져버린 농어촌 풍경, 밥알 한 톨 때문에 가나안농군학교에서 화장실 청소하는
모습과 스카우트 교환프로그램으로 대만을 방문했을 때 모습

온유한
자가 되자

온유하다는 말은

'겸손'과 비슷한 말임에는 틀림이 없습니다.

특히 '타인의 행위에 대하여 취하는 태도'이기 때문에

성경적으로 '온화하고 부드러우며'(마 11:29, 약 3:13),

허세를 부리지 않으며(벧전 3:4),

깔뱅(J. Calvin)은

"자기에 대한 악의를 가진 사람에게 길이 참는 것"으로

설명합니다.

예수 그리스도의 성품 가운데에서도

가장 중요한 특징 가운데 하나가 '온유함' 이지만
이는 예수 그리스도를 따르는 성도들의 성품이 되어야 하며,
성령의 열매인 동시에 은사이기도 한 것입니다.

예수님은 이러한 성품을 가진 자가
땅을 기업으로 받을 것이라고 선언하십니다.

'강포한 로마' 의 식민지 시대에
주님께서 친히 하신 말씀입니다

당시의 세계를 정복한 로마는
대단한 힘을 가지고 있었습니다.
유다는 바벨론 포로 이후에도
헬라와 로마의 지배를 받았습니다.
이처럼 세상에서는 조직적이고,
더 힘이 있고,
용맹을 과시할 수 있어야 성공할 수 있고,
땅을 차지할 수 있다고 생각합니다.

사실 따지고 보면 지금도
세상의 논리는 마찬가지인지도 모릅니다.
힘이 있는 자가 누린다고 합니다.

그래서 양순하고 온유한 사람을 보면
'맹물 같은 사람', '줏대가 없는 사람', '물러터진 인간' 등
여러 가지 말로 무시합니다.
심지어 이런 사람들을 용기 없는 사람,
쓸모없는 사람으로 내몰기가 일쑤입니다.
아무 것도 차지할 수 없는 것처럼 몰아세웁니다.

본문의 주제는
뼈대도 없고, 용기도 없고,
쓸모없는 사람이 되라는 이야기가 아닙니다.
오히려 정반대입니다.
분명한 주장과 용기와 자기표현이 필요합니다.
중요한 주제는 온유한 성품을 가진 자가 되라는 것입니다.

학교나 군대나 회사에서
온유한 신앙인을 이런 방법으로 매도하거나

일축하는 일들이 자주 있습니다.
그러나 정작 필요할 때에 나서는 사람들이 그리스도인들입니다.

청일전쟁에서 이기고 노일전쟁에서 승리한 일본이
강제로 땅을 차지하고 횡포를 부렸으나
그것은 일시적인 것이었습니다.
독일이 유럽을 짓밟고 세계를 휩쓸었지만
땅을 차지한 것이 아니었습니다.

결국은 주님의 말씀처럼 온유한 자가 승리합니다.
강한 이빨보다는 부드러운 혀가 오래가며,
사나운 호랑이보다 고양이가 더 많이 살고,
무서운 늑대보다는
사람을 따르는 개가 온 세상에 두루 퍼져 있습니다.

**'온유한 자'는 겸손하며,
온화한 성품을 가진 자를 말합니다**

히브리어 온유(아나브)는 겸손이라는 뜻도 가지고 있습니다.

"모세의 온유(아나브)함이

지면의 모든 사람들 보다 승함"(민 12:3)이나

"온유한 자가 바로 하나님을 찾는 자"

(시 69:32, 25:9, 37:11, 76:9)로 번역도 되지만,

"정직으로 세상의 겸손(아나브)한 자를 판단할 것이며"(사 11:4),

"겸손한 자에게 여호와로 말미암아 기쁨이 더하겠고"(사 29:19)에는

'아나브' 를 겸손이라는 말로 번역합니다.

이 성품은 하나님의 성품이기도 하지만

"주께서 주의 구원하는 방패를 내게 주셨으며,

주의 오른손이 나를 붙들고,

주의 온유함이 나를 크게 하셨나이다"(시 18:35),

하나님의 사람들이나(민 12:3),

왕("왕은 진리와 온유와 공의를 위하여" 시 45:4)이 가져야 할

성품들입니다.

신약 성경의 온유함(프라테우스)은

온화하다, 유순하다, 친절하다, 관대하다

또는 부드럽다는 뜻이 강합니다.

형용사로서의 온유하다(프라우스)는
본문 마태복음 5장 5절과 11장 9절에
주님 자신을
'프라우스' ("나는 마음이 온유하고 겸손하니")라고
소개하십니다.

이러한 사람이 땅을 차지하는 이유는 간단합니다.
온유한 성품을 가진 자는 남을 정죄하지 않습니다.
따라서 자신도 남에게 정죄를 받지 않으며,
동시에 하나님 앞에서도 긍휼하심을 얻게 됨으로
하나님 나라의 기업을 얻게 되는 것입니다.

성경의 땅(아다마)은
약속의 땅("온유한 자들은 땅을 차지하며" 시 37:11),
곧 가나안 땅을 의미합니다.
아브라함에게 주시겠다고 한 '약속의 땅'입니다.

그래서 많은 학자들은 이 땅을
하나님과의 관계를 회복한 자들이 받을
'하늘나라'로 해석하였습니다.

매튜 헨리(Mathew Henry)는

"이 땅은 예수님께서 말씀하신 현세적인 약속" 이라고 합니다.

순진무구할 정도로 말씀을 믿는 사람들!

말씀대로 양보하며 이루어 놓은 위대한 바보들의 기업이나

세계적인 명성을 얻은 부호들을 보시면 분명합니다.

난폭하고 공격적인 사람은

하늘나라뿐만 아니라

현세적인 땅도 차지할 수 없음을

역사가 증명하고 있습니다.

모든 그리스도인들은

'온유한 자' 가 되어야 합니다.

주님은 온유하신 분이셨으며

우리들에게 온유한 자가 되라고 말씀하십니다.

바울은 여러 가지 방법으로 이 사실을 증거 합니다.

자신도 온유한 마음으로

고린도교회 교인들에게 편지를 하였습니다.

" 너희를 대면하면 유순하고

　떠나 있으면 너희에 대하여 담대한 나 바울은

　이제 그리스도의 온유와 관용으로 "

　(고후 10:1)

예수님이 그러하신 분이셨음을 빌립보교인들에게 강조합니다.

" 너희 안에 이 마음을 품으라

　곧 그리스도 예수의 마음이니 "

　(빌 2:5-11)

그래서 바울은 목회자도,

성령으로 거듭난 모든 그리스도인들에게도

이 성품이 반드시 필요하다는 사실을 역설합니다.

" 주의 종은 마땅히 다투지 아니하며

　모든 사람에 대하여 온유하며 가르치기를 잘하며

　참으며 거역하는 자를 온유함으로 훈계할지니

　혹 하나님이 그들에게 회개함을 주사

　진리를 알게 하실까 하며 "(딤후 2:24-25)

" 형제들아 사람이 만일

　무슨 범죄한 일이 드러나거든

　신령한 너희는 온유한 심령으로 그러한 자를 바로 잡고

　너 자신을 살펴보아 너도 시험을 받을까 두려워하라 "

　(갈 6:1)

" 오직 성령의 열매는

　사랑과 희락과 화평과 오래 참음과 자비와

　양선과 충성과 온유와 절제니

　이 같은 것을 금지할 법이 없으니라 "

　(갈 5:22-23)

이슬과 같은 은혜가 임하므로

온유한 평강이 임하시기를...

평화의 이미지는

소나기나 폭풍이나 불같은 것이 아니었습니다.

부드럽고

잔잔하고

소리가 없으며

소란하지 않으며

불안하지 않으며

감격스럽습니다.

난폭하지 않으며

거칠지 않습니다.

촉촉한 이슬과 같습니다.

생명의 근원이 바로 여기에 있습니다.

은밀하게 내리는 이슬과 같은 성품이

온유함입니다.

온유한 자들이 되시기 바랍니다.

01 온유함이란 어떤 성품일까요?

　　성경에 나타난 인물 가운데 온유한 성품을 가진 사람들을 찾아보고

　　그들이 받게 된 복이 무엇인지를 조사해 봅시다.

　　──────────────────────────────────

　　──────────────────────────────────

02 강포한 사람들의 결과를 생각해보고

　　자신이 온유함을 드러내지 못했던 때가 언제였는지 돌아보고

　　스스로 반성하되 어떻게 대처했으면 좋았을까를 생각해 봅시다.

　　──────────────────────────────────

　　──────────────────────────────────

03 주님의 성품을 닮기 위해서 변화되어야 할 나의 성격이 있다면

　　어떤 훈련이 필요한 것인지를 확인하고 실천할 요소들을 기록합시다.

　　──────────────────────────────────

　　──────────────────────────────────

각종 대회에서도 상을 휩쓰는 학생들도 지도하였으나 학교방송 담당교사로서도 바쁜 나날을 보내기도 하였다. 그럴수록 '온유한 마음'으로 학생들을 지도했어야 하는데 …

'그리스도의 마음'을 가진 좋은 교사가 되고 싶었으나 온유한 선생님으로 살지 못한 것이 회
개가 되고 생각할수록 후회가 된다.

만남

모든 것은

만남으로부터 시작됩니다.

부모와의 만남

가족과의 만남

이웃과의 만남

단순한 만남(Meeting)이 아니라

인격적 만남(Encounter)이 중요하다고 …

편도뿐인 인생길에서

좋은 부모님과 가족을 만나는 만큼이나

좋은 선생님을 만난 것은 정말 큰 복입니다.

지구를 안고 눈물 흘리시는 예수님께서

분명히 활짝 웃으시는 그날이 오리라 믿으며

진정한 헌신이 무엇인지를 가르쳐 주신 분!

그 분이 계셨기에

그 분의 가르침을 따라

오늘도 쉬지 않고 달려갑니다.

2006년
박사학위 취득 후
선생님(이광순박사)을
모시고 가족들과 함께

의에 주리고
목마른 자가 되자

"

의에 주리고 목마른 자는 복이 있나니

그들이 배부를 것임이요

"

(마 5:6)

기독교 신앙의 중심 주제는
'하나님의 의' (Righteousness)입니다.
일반적인 '의' 의 의미는 공의, 정의라는 뜻으로
'법을 잘 지키고 주어진 의무를 잘 감당하는 것' 이지만
하나님의 의를 이야기하게 되면 그 뜻이 달라집니다.

하나님은 의로우신 하나님이십니다.
하나님께서 우리들을 의롭게 하셨다는 것은
전적으로 우리의 죄를 인정하지 않으심으로
죄가 전혀 없는 상태를 의미합니다.

특히 본문은 의에 주리고 목마른 자는

복이 있으며,

그가 배부를 것이라고 예수님은 말씀하셨습니다.

일반적인
의미로서의 '의' (義)

의는 '올바르다' 는 의미입니다.

성경에서도 많은 곳에서 '옳다' 는 뜻으로 쓰입니다.

주의 법을 잘 지키는 것도,

하나님의 말씀에 순종하는 것도 모두 이에 속합니다.

특별히 이웃을 위하여 덕을 베풀며,

봉사하고 섬기는 일이나

금식하는 일이나

선행도 의로운 행위입니다.

하나님은 의를 행하는 자들에게도 복을 주십니다.

하나님은 세상 우주 만물을 만드신 분이시기도 하시지만

다스리시고 운행하시며 섭리하시는 분이시기 때문에

세상에도 도덕과 윤리를 허락해 주셨고,

선악과 이후의 인간은

비록 하나님의 형상에 비하면 파괴되고 남은 것에 불과하지만

양심이라는 법을 허락해 주셨으므로

그 길을 따르는 자들에게는 복을 주십니다.

동양에서는 의를

'도의' (道義)로 해석합니다.

'사람으로서 마땅히 지켜야 할 바른 도리' 를 의라고 합니다.

이러한 도의를 지키지 못하면 부끄러움을 당하게 됩니다.

'의로운' 성품이란

부끄러운 일을 행하지 아니하는 마음(羞惡之心)에서 시작됩니다.

그리스도인들도 마땅히

의로운 일을 행하는 자들이 되어야 합니다.

의롭지 못한 우리들을 위하여

예수님께서 의로운 피를 흘려주셨기 때문입니다.

궁극적으로 중요한 것은
'하나님의 의' 입니다

하나님은 의로우신 분이십니다.

죄가 없으십니다.

그러므로 성경에 나타난 하나님의 의는

"자신의 언약을 굳게 지키시며,

그의 백성을 구원하시는 것"으로 표현됩니다.

일반적으로 의와 사랑은

같은 자리에 있을 수가 없습니다.

'의로운 재판장'이라는 말은

사랑이 개입될 여지가 없다는 말입니다.

법대로 심판하는 것이 '의'이기 때문입니다.

반면 재판정에서 흔히 보는 장면 중에는

"사랑이 많으신 재판장님!"이라고 부르며

호소하는 말을 듣게 됩니다.

재판장이 사랑의 선처를 베풀 때도 있습니다.

그러나 그렇게 하려면
'의로운 법'은 제쳐두어야만 합니다.
이 세상 어디에도
공의와 사랑이 동시에 이루어질 수가 없습니다.

서울의 '흥인지문'이 동쪽에 있고
'돈의문'은 서쪽에 있습니다.
어진 것(興仁門)과 의로운 것(敦義門)이
동(東)과 서(西)로 나누어져 있습니다.
서로 만날 수 없습니다.

그러나 성경은 분명하게 선언합니다.

" 인애와 진리가 만나고,
　의와 화평이 입을 맞추는 것처럼 "
　(시 85:10)

하나님의 사랑과 공의가 십자가에서 입 맞추게 됩니다.

우리 주님의 거룩한 사랑과

반드시 지불되어야 할 우리의 죄 값을
그의 피로 해결하는 현장이 바로 십자가이기 때문입니다.

그러므로 "의에 주리고 목말라 한다"는 말은
우리들이 죄에 대하여
그만큼 절실하게 아파하고 고통스러워하는 마음을
나타내고 있는 것입니다.

의에 주리고 목마른 자가 받을 복
: 칭의(稱義)

야고보는 화평을 의의 열매와 관련시켜 설명합니다.

" 오직 위로부터 난 지혜는
　　첫째 성결하고 다음에 화평하고 관용하고 양순하며
　　긍휼과 선한 열매가 가득하고 편견과 거짓이 없나니
　　화평하게 하는 자들은 화평으로 심어
　　의의 열매를 거두느니라 "
　　(약 3:17-18)

하나님과 화목케 하는 방법은
그의 공의를 만족시키는 것뿐입니다.
그의 의를 만족시키지 않는 한 하나님을 만날 수는 없습니다.

그래서 예수 그리스도께서는
하나님과 우리 사이의 죄의 담을 허물기 위하여 십자가를 지셨고,
그 결과 우리는 하나님과의 관계가 회복되고
그의 자녀가 될 수 있었습니다.
결국 죄가 많은 우리들을
처음부터 전혀 죄가 없었던 것처럼 인정해 주시고(義認),
의인(義人)으로 불러주셨습니다(稱義).
오직 믿음 하나로 그렇게 인정해 주신 것입니다.

주님께서 가르치신 팔복으로 설명하면
우리의 힘으로 의롭게 될 수 있는 방법이 없기 때문에
'의에 주리게 되고'
또 그것을 간절히 사모하기 때문에
'목말라 하는 사람들'인데
주님은 믿음 안에서 이 복을 주시겠다고 약속하신 것입니다.
즉 '의인'이라는 복을 받게 해 주신 것입니다.

이것을 우리는 '이신칭의' (以信稱義, Justificaton by Faith),
믿음으로 구원받았다고 해서 '이신득구' (以信得救)라고 합니다.

배부르게 될 것이라 하심은 …

주리고 목마른 자와
무언가 갈망하는 자가 배가 부르게 먹고 마신다는 것입니다.
예수님은 분명히 배부르다는 표현을
생리적인 것으로,
풀과 곡식 등으로 가축을 살찌게 하는
'코르타조'로 표현하셨습니다.

의에 주리고 목마르다는 말은
하나님에 대한 갈증과 주림입니다.
그러므로 그만큼 실제적이고 생생하게
하나님께서 응답해 주신다는 뜻으로
헬라어 '코르타조'라는 단어를 사용한 것입니다.

하나님의 통치와 의의 실천은

종말론적인 것과 무관하지 않습니다.

궁극적인 하나님 나라와 깊은 관계가 있습니다.

결국 하나님 나라에서 "의에 주리고 목마른 자"에게

하나님은 '생명의 떡'을 주시며,

'영생하는 생명수'로 충만케 하신다는 것입니다.

"누구든지 목마르거든 내게로 와서 마시라"(요 7:37)는 말씀과

"나를 믿는 자는 성경에 이름과 같이

그 배에서 생수의 강이 흘러나오리라"(요 7:38)는 말씀은

같은 의미를 가집니다.

정말 이와 같은 것으로 충만하게 되면

큰 감격이 따르기 마련입니다.

그래서 바울은

하나님께서 의롭다고 한 자를 누가 감히 송사하며

정죄하겠느냐고 절규합니다.

그리고 그의 사랑에서 누가 감히 끊을 수 있겠느냐고

확신에 찬 찬양을 드리게 됩니다.

" 그런즉 이 일에 대하여 우리가 무슨 말 하리요?

만일 하나님이 우리를 위하시면 누가 우리를 대적하리요?

자기 아들을 아끼지 아니하시고

우리 모든 사람을 위하여 내주신 이가

어찌 그 아들과 함께 모든 것을

우리에게 주시지 아니하겠느냐?

누가 능히 하나님께서 택하신 자들을 고발하리요

의롭다 하신 이는 하나님이시니 누가 정죄하리요?

죽으실 뿐 아니라 다시 살아나신 이는 그리스도 예수시니

그는 하나님 우편에 계신 자요

우리를 위하여 간구하시는 자시니라.

누가 우리를 그리스도의 사랑에서 끊으리요

환난이나 곤고나 박해나 기근이나 적신이나 위험이나 칼이랴!

기록된 바 우리가 종일 주를 위하여 죽임을 당하게 되며

도살 당할 양 같이 여김을 받았나이다 함과 같으니라.

그러나 이 모든 일에 우리를 사랑하시는 이로 말미암아

우리가 넉넉히 이기느니라.

내가 확신하노니

사망이나 생명이나 천사들이나 권세자들이나

현재 일이나 장래 일이나 능력이나 높음이나 깊음이나

다른 어떤 피조물이라도

우리를 우리 주 그리스도 예수 안에 있는

하나님의 사랑에서 끊을 수 없으리라"

(롬 8:31-39)

묵상과
적용

01 하나님의 의에 대하여 설명하시오.

특별히 하나님 앞에 선 인간이 의롭지 못한 이유가 무엇입니까?

_____

_____

02 의롭지 못한 인간을 하나님은 의롭다고 하셨습니다.

의신칭의(以信稱義)의 원리를 통하여 그 이유를 확인합시다.

_____

_____

03 의에 대하여 목 말라하는 우리들에게 하나님은 어떤 복을 허락하셨습니까?

의를 사모하는 자에게 주신 하나님의 복을 아는 대로 열거하고

그 은혜에 대하여 감사하는 기도를 드립시다.

_____

_____

_____

의의 교육은 가정에서부터

'의의 길'은 하나님을 찬양하고 예배하는 것으로부터 시작된다.

긍휼히 여기는
자의 복

"

긍휼히 여기는 자는 복이 있나니

그들이 긍휼히 여김을 받을 것임이요

"

(마 5:7)

긍휼히 여긴다는 말은

5절의 '온유하다' 라는 단어나

'자비롭다' 와 같은 의미를 가지고 있습니다.

이 말들은 모두 '사랑' 과 깊은 관련이 있습니다.

그래서 전통적으로 '긍휼' 이라는 단어를

"할아버지가 손자를 사랑하는 것과 같은 마음" 이라고 설명합니다.

간단하게 긍휼이라는 문자를 우리말 그대로 풀이하면

'불쌍히 여긴다', '아낀다'

혹은 '동정한다' (동정할 恤)는 말이지만

구태여 조손(祖孫)관계를 통하여 설명한 것을 보면
긍휼이라는 말은
예사 사랑을 표현하는 단어가 아닌 것이 분명합니다.

성경적으로 긍휼은
생명과 구원에 관련된 단어입니다

이 단어는 우리말만 그런 것이 아니고
히브리어로도 매우 특이한 의미를 지니고 있습니다.

구약성경에서 다윗의 회개기도 중에 등장하는 이 단어는
'라함' 이라는 동사로 표현되어 있습니다.

" 하나님이여 주의 인자를 쫓아 나를 긍휼히 여기시며

주의 많은 자비를 쫓아 내 죄과를 도말하소서 "

(시 51:1)

개역개정판은 "주의 인자를 따라 내게 은혜를 베푸시며,
주의 많은 긍휼을 따라 내 죄악을 지워주소서"로 번역했습니다.

다른 번역들을 비교해 보면
사랑, 자비, 인자, 긍휼, 은혜, 불쌍히 여김 등이 있습니다.
같은 의미를 가지고 있기 때문입니다.

현대인의 번역은
"주의 한결같은 사랑으로 나를 불쌍히 여기시며
주의 크신 자비로 내 죄의 얼룩을 지워주소서"로
되어 있습니다.

결국 히브리어 '라함'은 어머니의 자궁,
혹은 태아가 있는 뱃속이라는 뜻으로
생명을 구출하는 사랑이나
자비로운 마음으로 표현되는
매우 독특한 단어임을 기억할 필요가 있습니다.

신약성경에서 긍휼히 여긴다는 말은
'죄' 혹은 '동정심'과 깊은 관계를 가지고 있습니다.
물론 시편 51편에서도
죄 용서를 구하는 기도 속에 이 단어가 등장하였으나
헬라어 '엘레에모네스'(긍휼히 여기다)는

명확히 '자비'라는 말에서 파생된 말입니다.

즉 긍휼히 여긴다는 것은

그들이 죄인이기 때문에

동정심 내지는 자비심을 베푼다는 의미를 가지고 있습니다.

그래서 예수님께서는 기도를 가르쳐 주실 때에도

"우리가 우리에게 죄 지은 사람들을 용서해 준 것처럼

우리 죄를 용서해 주소서"(마 6:12)라고 가르치시며

긍휼을 베풂으로

하나님으로부터 긍휼히 여김을 받을 수 있다는 것을

말씀하신 것입니다(마 6:14-15).

결국 신약성경에서도 긍휼히 여긴다는 것은

하나님의 자비하심을 통하여

그리스도의 구속 사역과도 관련이 있는 것임을

강조하고 있는 것입니다.

긍휼히 여기는 자가
긍휼히 여김을 받습니다

본문에 대한 칼뱅의 주석은 매우 조심스럽습니다.
이미 그리스도께서 자신뿐만 아니라
다른 사람의 고통까지도 자신의 것으로 삼으실 것을 전제로
"긍휼히 여기는 자는 복이 있다.
저희가 긍휼히 여김을 받을 것이요"라고 하셨다는 것입니다.

이 말은
우리가 타인을 긍휼히 여김으로 구원을 받는다는 것이 아니라
그리스도께서 이미 우리를 긍휼히 여기기로 하시고
"하나님에게 뿐만 아니라
사람들에게도 긍휼히 여김을 받을 수 있다"고 하신 것으로
칼뱅은 설명합니다.

혹시라도 우리가 긍휼히 여기는 그 자체가
구원을 위한 방편이나 행위로 인한 것으로
오해하는 일이 없어야 하기 때문에
이와 같은 설명을 덧붙인 것으로 보입니다.

세상 사람들이 주는 초라한 상과는 달리
"긍휼을 베풀며 인정이 있는 자에게는
하나님께 은혜가 따로 마련되어 있는 것으로서
그 보상이 충분하다.
이들은 하나님에게서 친절과 긍휼을 받을 것이기 때문이다" 라고
거듭 강조합니다.

마태복음 6장에서
예수님께서 제자들에게 기도를 가르치시면서 하신 말씀을
다시 한 번 기억할 필요가 있습니다.
이미 이러한 긍휼과 자비에 힘입어 주의 자녀가 되었기 때문에
더욱 배은망덕하지 말고
주님의 가르치심에 순종함으로
세상에서도, 하늘에서도
함께 복을 받는 사람이 되어야 할 것입니다.

동양에서도 긍휼과 자비는
'어진 성격' (仁)으로 설명합니다

유가의 심성론(心性論)은
사단(四端)이라 하여 인의예지(仁義禮智)로 설명합니다.
사람의 마음은 수양을 통하여 자라게 되어
하늘의 성품에 이를 수 있다고 합니다.

긍휼히 여기는 마음(矜恤之心)의 끝(端)이 어진 성품(仁)이며,
부끄럽게 여기는 마음(羞惡之心)의 끝은 의로운 성품(義),
사양하는 마음(辭讓之心)은 예절을 아는 성품(禮)으로,
시시비비를 가리는 마음(是非之心)은
지혜로운 성품(智)으로 설명을 합니다.

우리의 선조들은
이 인의예지를 너무나 사모한 나머지
서울 사대문의 이름에 이 단어들을 넣었습니다.

동쪽에는 흥인지문(興仁之門)
서대문을 돈의문(敦義門)

남대문을 숭례문(崇禮門)
북쪽에 홍지문(弘智門, 초기에는 肅靖門)

그리고 오상(五常)에 맞추느라고
중앙에는 보신각(普信閣)을 두어
인의예지신(仁義禮智信)을 갖추려고 했던 것입니다.

이것을 강조하는 이유는
긍휼히 여기는 마음이 결국 어질고,
온유한 하늘의 성품에 이르게 한다는 동양의 교훈도
도덕적으로는 우리 주님의 가르치심과 일치한다고 하면,
적어도 하나님의 백성인 우리들만이라도
긍휼히 여기는 자로서의 삶을 살아야 한다는 것입니다.

그래서 믿음의 선배들이나 우리의 선비들도
이러한 윤리를 천명(天命)이라 하였던 것입니다.

그리스도인들이 긍휼을 베풀어야 하는 이유를
대개 다음 네 가지로 설명합니다.

첫째, 하나님의 뜻이기 때문입니다.

예수님도 하나님의 뜻에 순종하여
긍휼을 베푸시되
자신을 버리기까지 하시며
우리에게 긍휼을 베푸셨습니다.

둘째, 우리 인간들은 하나님의 긍휼하심이 없이는
한 순간도 살아갈 수 없는 존재이기 때문입니다.

우리는 하나님의 자비와 긍휼하심을 입어야만 합니다.
그래서 주님도 우리들에게 긍휼을 베푸셨으며,
또 우리들에게 이 복을 받는 사람이 되라고 교훈하십니다.

셋째, 우리는 주님의 뒤를 따르는 제자들입니다.

제자는 당연히 스승의 교훈을 따라야 합니다.

" 아버지의 자비하심 같이 너희도 자비하라 "

(눅 6:36)

넷째, 긍휼을 베풀면
받을 복만큼 큰 기쁨이 따르기 때문입니다.

자비와 긍휼을 베풀고 난 후에는
반드시 참 기쁨이 따르게 됩니다.
한 영혼의 구원을 천하보다 기뻐하시는 하나님의 기쁨을
우리들이 함께 누리는 방법이 무엇인지를 알아야 합니다.

묵상과
적용

01 하나님의 자비하심과 우리들에게 베풀어주신 긍휼을

　　인간적으로 표현하면 어떤 사랑이 되는 지를 구체적으로 설명해 봅시다.

_____

_____

02 우리들의 삶에 있어서 긍휼히 여김을 받고, 또한 베푸는 것이

　　꼭 필요하다는 사실을 세상에서 살아가는 사람들도 깨닫고 있습니다.

　　실제적인 예를 들어 설명해 보세요.

_____

_____

03 긍휼을 베풀면서 살아가야 할 이유와

　　구체적인 방법을 이야기해 봅시다.

_____

_____

_____

그의 자비하심과 베푸신 사랑으로 신학교도 졸업하고,
목사로 안수 받고 이제는 세계를 누비며 선교하는 복까지도 허락해 주셨다.

마음이
청결한 자

"

마음이 청결한 자는 복이 있나니

그들이 하나님을 볼 것임이요

"

(마 5:8)

'청결(淸潔)'이라는 말은
'맑고 깨끗한 상태'를 이야기합니다.

구약성경에서 청결하다는 말은
'거룩하다'는 말과 깊은 관련이 있습니다.
무엇보다 구약 율법이 강조하는 것은
부정한 것을 멀리하는 것이었는데
그 이유는
하나님의 백성인 이스라엘은 청결한 민족이라는 것을
강조하기 위한 것이었습니다.

그들의 제사는 정결 예식이었고,
그들의 삶은 청결을 유지하기 위한 삶이었기 때문에
온갖 부정한 것으로부터 자신을 지키기 위하여
많은 규례들을 지켜야만 했습니다.

그러므로 청결하다는 것은 거룩한 삶이었고
거룩한 삶이란 곧 세상과 구별된 삶이었습니다.

산상보훈의 팔복 가운데 나타난 청결은
외식적인 정결이나 율법적인 의를 이야기하기보다는
하나님과의 관계에서
"마음을 다하고 목숨을 다하고 뜻을 다하여"(마 22:37)
하나님만을 사랑하는 영적인 순결과
인격적으로 깨끗한 마음을 가진 자를 지칭하는 것입니다.
청결한 자가 하나님을 만난다는 것은
지극히 당연하다는 것을 전제로 말씀을 선포하신 것입니다.

성경적인 배경
: 모든 부정한 것으로부터 청결해야 합니다

마음이 청결하다는 말은
정직하고 신실하다는 말임에는 분명합니다.
그러나 어떻게 해야 정직하며, 신실할 수가 있을까요?
씻을 수도 태울 수도 없는 마음을
어떻게 하면 깨끗하게 할 수 있을까요?

이스라엘은 하나님 앞에서
인간 자체가 부정하다는 사실을 인정하였습니다.
그래서 그들은 정결케 하는 방법을 율법에서 찾았습니다.
바로 제사 의식과
이에 따르는 선민으로서의 구별된 삶이었습니다.

물론 제사를 통한 정결 예식은
이스라엘에 국한 된 것은 아니었습니다.
여타의 종교에서도 신과의 만남을 위한 '목욕재계' (沐浴齋戒)
즉 부정을 타지 않도록 목욕을 하고 마음을 가다듬는 다거나
정성을 다하여 '정화수' (井華水)를 바치고

기도하는 모습을 볼 수 있습니다.

그러나 이스라엘은 하나님께서 직접 지시하신 할례나
모세의 율법에 나타난 제사법,
즉 번제, 소제, 화목제, 속죄제, 속건제의 양식은
예수 그리스도를 통한 십자가의 구속사건과
밀접한 관계가 있는 특별한 계시였습니다.

무엇보다 구약시대의 유대인들이 지켰던 결례는
부정한 것을 금기시하는 것으로
대개 비정상적이거나 인간들에게 혐오감을 주거나
비위생적인 것들로 규정되어 있었습니다.

시체를 멀리하고,
몸에서 나오는 유출물들을 부정하게 여겼으며,
피부병이나 염증, 나병환자들을 지극히 경계하였습니다.
심지어 이방인들과 교제하는 일까지도 부정하게 보았습니다.

음식규례도 매우 복잡했습니다.

새김질하는 짐승 중에서도 굽이 갈라지지 아니한 동물이나

굽이 갈라졌으되 새김질을 하지 않는 동물,

지느러미와 비늘이 없는 물고기,

날개가 있으면서도 기어 다니는 곤충이나

새 중에서도 가증한 종류에 속하는 종류 등(레 11장 참고)이

부정한 것으로 규정된 먹지 못할 동물들입니다.

물건에 대해서도 마찬가지입니다.

물건 자체가 부정하다거나 정결한 것은 아니지만

부정한 동물이나 부정한 사람과 접촉하면 부정한 물건이 되며,

무엇보다 가장 부정(不淨)한 것은

하나님을 부정(否定)하고, 이방신을 섬기는 것이었습니다.

물론 이방 민족들에게도

그들 나름대로의 정결을 위한 금기(禁忌)가 있지만

이스라엘에게 특별한 것은

부정한 행위들을 씻을 수 있는 제사법이 있다는 것입니다.

예수님의 피 외에는
정결케 되는 방법이 없습니다

이스라엘의 정결 규례는
자신들의 생명을 보존하고 살기 위한 방법이었습니다.
그러나 예수님의 선언은
하나님을 만나고 그 분과 함께 하기 위한 길을 말씀하십니다.

이 일은 위하여 예수님께서 행하신 특별한 사역이
바로 십자가의 사건입니다.
우리들을 하나님 앞에 설 수 있는
거룩한 백성으로 삼으시기 위하여 그가 친히 제사장이 되셨고,
제물이 되어 주셨으며
그 피로 말미암아 죄인인 우리들이 하나님의 자녀가 되고,
하나님 나라의 백성이 될 수 있는 길을 열어주셨습니다.

신학적인 방법으로 설명하면
예수 그리스도의 주되심은 '기독론' 으로,
'은혜의 언약' 이라는 관점에서는 '인간론' 으로 설명합니다.

기독론의 핵심은 그리스도(基督)라는 예수님의 직분입니다.

'그리스도' 는 "기름 부음을 받은 자" 라는 뜻으로

다른 말로는 '메시아' 라고 합니다.

예수를 그리스도로 고백하는 것은

"주님은 우리의 왕이시며, 선지자이시며,

제사장입니다" 라는 뜻입니다.

아둔하고 무질서한 우리들을 다스리시는 왕으로,

무지하고 무식한 우리들에게는

하나님을 가르쳐 주시고 보여주신 선지자로,

그리고 본문의 말씀대로

부정하고 죄 많은 우리들을 깨끗하게 하시기 위하여

친히 피 흘리시며 제물이 되어주신 제사장이십니다.

하나님은 우리 인간을 깨끗하고 순결하고 거룩하며

흠이 없는 인간으로 만드셨습니다.

그러나 본래적인 인간(원시적 인간)은

하나님의 형상으로서의 인간이었으나

선악과 이후로 이 형상을 잃어버리고

죄로 오염된 인간으로 타락하고 말았습니다.

이것을 실제적인 인간, 즉 죄 아래 인간이라고 합니다.

그러나 하나님은 우리를 그냥 버려두시지 않으셨습니다.
예수 그리스도의 피로 말미암아 믿기만 하면 정결한 인간,
새로워진 인간, 하나님을 아버지로 뵐 수 있는 자리
즉 회복된 인간의 자리에 이르게 해 주셨습니다.
이것을 우리는 '은혜 아래의 인간' 이라고 합니다.

예수 그리스도의 피 만이
우리를 '마음이 청결한 자' 로 만들 수 있으며,
이 복의 선언이 바로 진정한 복음의 선포가 되는 것입니다.

인격적으로 순수하고
깨끗한 믿음을 가져야 합니다

바리새인들과 서기관들은 끊임없이 예수님을 괴롭힙니다.
환자들과 함께 먹고 세리들을 용납하며,
죄인들과 친구가 되신 예수님을 이해할 수가 없었기 때문입니다.

그들은 구별된 결례를 행함으로
자신들의 깨끗함을 지킬 수 있다고 생각하였습니다.
그러나 주님은 분명하게 '마음이 청결한 자' 라고 말씀하십니다.

그리고 예수님은 자신의 거룩함을 통하여
따르는 모든 이들이 깨끗하고 거룩하기를 원하셨습니다.
감성적인 종교 생활로 청결하게 되겠다는 것은
어리석은 인간의 생각에 불과합니다.

주님께서 말씀하신 '마음이 청결한 자' 는
우리들의 전인적인 인격의 변화를 이야기합니다.
"마음과 뜻과 정성을 다하여"
지성과 감성과 의지가 함께 어우러진 생애의 변화가
예수 그리스도와의 만남을 통하여 이루어져야 합니다.

우리들 모두는 죄인들이었습니다.
죄로 오염된 인간들이었습니다.
정결케 된 우리들이라 할지라도
다시금 죄의 세력에 물들지 않기 위하여
오늘날도 여전히 다윗의 기도가 우리들의 기도가 되어야 합니다.

" 하나님이여 내 속에 정한 마음을 창조하시고

　내 안에 정직한 영을 새롭게 하소서.

　나를 주 앞에서 쫓아내지 마시며

　주의 성령을 내게서 거두지 마소서 "

(시 51:10-11)

예수 그리스도의 피로 정결케 된 우리들은

비록 온갖 죄로 오염된 세상 속에서 살고 있지만

오염되지 않아야 합니다.

깨끗한 마음으로

오직 주님만 바라보며 살아야 하는 것입니다.

묵상과
적용

01 유대인들이 행하였던 청결예식과는 예수님의 방법은 달랐습니다.

유대인과 예수님의 정결케 하는 방법의 차이점을 비교해 가며 설명하시오.

_____

_____

02 조직신학에서 말하는 인간론을 중심으로

하나님께서 직접 선택한 백성들을 정결케 하는 과정을 이야기해 봅시다.

_____

_____

03 우리 자신을 돌아보며 정결치 못했던 일들을

목록에 작성하고 회개하며 기도합시다.

_____

_____

_____

마음이 청결한 자가 천국의 주인이라 하셨다.
어린이들과 같이 할 때가 즐거웠던 교사시절!

하의초등학교 초청(중곡동교회)과 어린이여름성경학교(남대문교회)

화평케
하는 자

"

화평하게 하는 자는 복이 있나니

그들이 하나님의 아들이라 일컬음을 받을 것임이요

"

(마 5:9)

하나님의 아들이신 예수 그리스도!

그 분은 평화의 주로 오셨습니다.

이스라엘 밖에 있던 사람들이라

약속과 언약에 대하여 외인인 우리들이

그리스도 예수 안에서 그 피로 말미암아

하나님을 아빠 아버지라 부르게 되었습니다.

그 이유는 평화의 주로 오신 우리 주님이

화평케 하셔서 친히 제물이 되어 주셨기 때문입니다.

" 그는 우리의 화평이신지라 둘로 하나를 만드사

원수된 것 곧 중간에 막힌 담을 자기의 육체로 허시고…
이는 이 둘로 자기 안에서
한 새사람을 지어 화평하게 하시고,
또 십자가로 이 둘을 한 몸으로
하나님과 화목하게 하려하심이라"
(엡 2:14-16)

화평이신 그 분이 하나님과 화목케 하시려고
십자가로 화평케 하셨다는 것입니다.

그러므로 오늘의 말씀인
"하나님의 아들이라 일컬음을 받게 되는 조건" 이
바로 기독교 복음의 핵심입니다.
그리스도께서 그리하셨던 것처럼
우리들도 화평케 하는 자가 되어야 합니다.

성경에 나타난
샬롬(Shalom)과 에이레네(Eirene)

평강이나 평안은 '편안'과 구별됩니다.
우리말로는 편하고 좋은 것을 '편안'이라 하나,
'평강'이라는 말은
통전적이고 전체적인 의미를 가지고 있기 때문에
'행복하게 잘 사는 것, 혹은 잘 지내는 것'으로 풀이합니다.
그만큼 '샬롬'이 가진 의미는 포괄적이고 전체적입니다.

푹신한 안락의자에 앉아 있으면 편안합니다.
침대에 누워 있으면 편안합니다.
그러나 그것은 평강이나 평안은 아닙니다.

딱딱한 마루로 된 바닥에 누워있거나
불편한 나무 벤치에 앉아 있어도
마음과 육신이 함께 편안할 때
우리는 그들을 참 평안을 누리는 사람이라 합니다.
이러한 상태를 만들어 가는 것을
'화평' 혹은 '평화'라고 합니다.

신약성경에 헬라어로 '평화' 인 '에이레네' (Eirene)는
구약의 히브리어 샬롬(Shalom)과 같은 의미를 가졌으나
모두 단순한 '평안' 이나 '행복' 에 국한되지 않고
하나님과의 관계, 이웃과의 관계
그리고 자기 자신과의 관계라는 관점에서 이해합니다.

심지어 자연 환경과도 화목한 관계를 이루어야 하는 데,
이 경우에 반대되는 말로
'갈등' 과 '불화' 를 이야기함으로
'화해' 를 강조하기에 이르게 된 것입니다.

성경에서 '샬롬' 이나 '에이레네' 가 사용된
구체적인 내용들을 보면 구약성경에서는 다음과 같습니다.

① 개인적인 것으로 건강과 선한 삶을 의미합니다.
② 국가나 가정의 평화 혹은 경제적 번성,
정치적 안정 등 공동체적인 평화를 표현합니다.
③ 모든 평화는 하나님으로부터 오며(사45:7),
종교적인 평화의 상태로
'하나님의 임재하심' (민6:26, 대상23:25)을 두고

'샬롬' 이라고 하였습니다.

그러나 신약에서 말하는 '에이레네' 는 더욱 통전적입니다.

① 전쟁이나 투쟁의 반대 개념으로서

　　평화를 지칭합니다(눅 14:32, 행12:20, 엡2:14–17).

② 하나님과 인간 사이의 분리된 상태, 즉 원수된 것을

　　화목하게 하고(고후5:19, 골1:22),

　　그리스도의 십자가의 피로서 화평을 이루시는(골1:20, 엡2:15)

　　일련의 '과정으로서의 화평' 이 강조됩니다.

③ '마음의 평온함과 평정의 상태' 를 나타내기도 하나

　　단순히 전쟁이 없고 다툼이 없는 소극적인 개념이 아니라

　　인간의 정상적 삶을 보장하기 위한

　　적극적인 개념이 중요합니다.

그래서 예수님의 복음 선포는 바로 '평화의 선포' 로 나타납니다.
성경에서 말하는 평화는 그만큼 통전적이고 적극적입니다.

평화를 사랑하는 사람보다
평화를 만드는 사람을 강조

누구든 평안하기를 원합니다. 평화를 사랑합니다.

세계적으로 평화애호가들에 대한 칭찬이 자자합니다.

그러나 뜻밖에 역사를 그르치고 독재를 행하며,

전쟁을 일으킨 사람들 중에도 평화를 외친 이들이 적지 않습니다.

팔복의 일곱 번째 말씀은

분명히 "화평케 하는 자"라고 선언합니다.

평화를 좋아하고 화평케 해야 한다고 입술로 외치는 자가 아니라

실제적으로 화평을 만드는 사람입니다.

평화주의자가 아니고

평화의 사도(peace maker)가 되어야 한다는 이야기입니다.

물론 어려움이 있습니다. 희생이 따릅니다.

나의 주장만 내세우면 결코 평화를 이루어낼 수가 없습니다.

자기 이익을 버려야 하며,

자기중심적인 생각에서 떠나야 하며,

물질이나 명예나 권세를 탐하거나 복수심에 불타는 사람은

결코 평화를 만들어나갈 수가 없습니다.

그래서 주님께서 보여주신 것처럼
십자가의 도가 필요합니다.
자기 이익을 챙기고, 자기 고집을 주장하고,
세상적인 것을 탐하게 될 때에 정반대의 결과가 나타납니다.
분열과 분쟁과 불화와 다툼입니다.

이러한 분위기를 조장하고
이러한 일들을 일으키는 사람들은
사탄의 뒤를 따르는 사람들입니다.
이러한 사람(trouble maker)들과 함께 살아가야 하는
그리스도인들이기 때문에
평화를 만드는 일이 그만큼 어렵고 힘이 듭니다.

하나님 나라는
샬롬의 왕국(The Kingdom of Shalom)입니다

한 때 웰빙(well-being)이라는 말이 유행하였습니다.

지금은 온통 치유(healing)라는 말로 떠들썩합니다.

위정자들로부터 경제, 사회, 문화, 교육에 이르기까지

'치유'가 안 들어가면 말이 안 됩니다.

우리 주님도 오셔서 하나님 나라를 선포하시고,

가르치시되,

각색 병든 자들과 약한 자들을 치유하셨습니다(마 4:23. 9:35).

주님의 사역에는 목적이 있습니다.

바로 하나님의 나라(The Kingdom of God)입니다.

선포와 교육과 함께 치유하신 목적도 동일합니다.

주님의 몸인 교회는 주님의 사역을 계속해야 합니다.

결국 교회가 지향하는바 목적도 동일하여야 합니다.

하나님 나라입니다.

마태는 이것을 '하늘나라'(天國)라고 표현하였습니다.

하나님 나라는 평화의 나라이기 때문에 수학공식처럼 분명합니다.

'Well being 시대 - Healing 시대 - Shalom 시대'입니다.

화평케 하는 자가 되어야 합니다.

그래야 하나님의 아들이라 일컬음을 받고

하나님 나라의 백성이 될 수 있습니다.
일찍이 이사야 선지자도
샬롬의 나라가 어떤 나라인지를 노래한 적이 있습니다.

" 그 때에 이리가 어린 양과 함께 살며
　표범이 어린 염소와 함께 누우며
　송아지와 어린 사자와 살진 짐승이 함께 있어
　어린 아이에게 끌리며
　염소와 곰이 함께 먹으며
　그것들의 새끼가 함께 엎드리며
　사자가 소처럼 풀을 먹을 것이며
　젖 먹는 아이가 독사의 구멍에서 장난하며
　젖 뗀 어린 아이가 독사의 굴에 손을 넣을 것이라 "
　(사 11:6-8)

하나님과의 관계에 있어서의 화평은
예수 그리스도 외에는 불가능합니다.
그래서 성경은 믿음을 강조합니다.
예수 그리스도만이 유일한 길이라고 선포합니다.

그러나 이렇게 하나님의 자녀가 되고
아들이라 일컬음을 받은 자들에게도
중요한 사명이 있습니다.
화평케 하는 자들이 되어야 합니다.

노벨 평화상 수상자들 중에는
평화 애호가들이 많이 있습니다.
그러나 진정한 평화의 사도는 소수에 불과합니다.
진정한 평화의 사도들이 되시기를 바랍니다.

01 평강의 뜻을 편안과 비교하여 설명하시오.

특별히 구약성경에 나타난 샬롬의 의미와

신약의 에이레네가 강조하는 바가 무엇인지 알아봅시다.

02 평화의 주로 오신 예수 그리스도께서 하신 일이 무엇이며

이로 인하여 변화된 하나님과 우리들의 관계에 대하여 생각해 봅시다.

03 평화의 사도로 임명을 받은 그리스도인으로서 해야 할 일이 무엇인지?

그 사례를 구체적으로 열거하며 확인해 봅시다.

평화의 사도(peace maker)가 되자! 선교를 위한 사역은 국내외가 없다.

가든지 보내든지! 모든 그리스도인이 다 선교사가 되고 후원자가 되기까지
선교는 계속될 것이다. 모든 그리스도인들이 다 평화의 사도가 되어야 하기 때문이다.

고난도
복입니다

"

의를 위하여 박해를 받은 자는 복이 있나니 천국이 그들의 것임이라

나로 말미암아 너희를 욕하고 박해하고 거짓으로 너희를 거슬러

모든 악한 말을 할 때에는 너희에게 복이 있나니

기뻐하고 즐거워하라 하늘에서 너희의 상이 큼이라

너희 전에 있던 선지자들도 이같이 박해하였느니라

"

(마 5:10-12)

팔복 중 네 번째의 복은
"의에 주리고 목마른 자"가 받을 복입니다(마 5:6).
그러나 마지막 여덟 번째의 복은
"의를 위하여 박해를 받는 자"가 받을 복입니다(마 5:10).

이렇게 같은 의를 이야기하지만
박해 받는 자가 받을 복은
첫 번째의 복인 "심령이 가난한 자"와 마찬가지로
"천국이 저들의 것임이라"고 하였습니다.

그러나 주님은 이 여덟 번째 복에 대해서만은
첫째나 넷째의 복과 달리 몇 가지를 더 부연하십니다.

" 나로 말미암아 너희를 욕하고 박해하고

  거짓으로 너희를 거슬러 모든 악한 말을 할 때는

  너희에게 복이 있나니 기뻐하고 즐거워하라.

  하늘에서 너희 상이 큼이라 "

  (마 5:11-12)

천국을 소유하는 정도가 아니고
그 나라의 상급까지 약속하십니다.
바울도 로마의 성도들에게 다음과 같이 선포한 적이 있습니다.

" 우리가 그와 함께 영광을 받기 위하여

  고난도 함께 받아야 할 것이니라.

  생각건대 현재의 고난은

  장차 우리에게 나타날 영광과 비교할 수 없도다 "

  (롬 8:17-18)

'핍박' 의 의미

구약성경에서는 '박해' 라는 단어는
'핍박을 받는 상황' 을 표현하는 '라다프' 란 말로써,
줄기차게 괴롭힘을 당한다는 뜻입니다.
그래서 하나님의 말씀을 지키고
계명을 준수하는 의인들이 악인들에게 박해를 받았고,
의로우신 하나님의 말씀을 전하는 선지자들이 핍박을 받았으며,
가난하고 궁핍하며 약한 자들,
마음이 상한 자들이 사회로부터 핍박의 대상이 되었으며,
힘이 없는 나라들이 강대국으로부터 박해를 받았던 것입니다.

신약성경의 '디오코' 라는 단어도 역시
'박해를 받다' 혹은 '핍박을 받는다' 는 용어로
'추격을 당하다' 는 의미가 강하여 '도망가게 하다' ,
'내몰다' 라는 뜻으로 많이 쓰였습니다.

본문에 나타난 '핍박을 받는 자' 역시
들짐승이 사냥꾼에게 쫓기거나
군인이 전쟁터에서 적군에게 추격을 당하는 장면과 같습니다.

예수님께서 제자들에게 말씀하시고자 하는 의도는

매우 급박한 상황 중에서

비록 목숨이 위태롭다 하더라도

의를 지켜야 한다는 것을 강조하시기 위한 것으로 보입니다.

다시 말하면 고난이 와도 의를 잃지 않아야 한다는 것인데

이것은 곧 '순교'를 이야기하는 것입니다.

궁극적으로는 그 나라를 위한 충성심을 말씀하신 것입니다.

의를 위하여 박해를 받는다는 것은

그만큼 특별한 충성심이 필요합니다.

로마시대의 성도들도

예수를 그리스도로 고백하고 기독교인이 되는 자체가

바로 죽음을 각오한 결심이었습니다.

그래서 그들은 카타콤생활도 마다하지 않았으며,

죽음을 선택한 카르타고의 여인 퍼페투아,

제왕절개수술을 이기고 콘스탄틴 대제를 양육한 헬레나 등

여인들까지도 의를 위하여

박해받는 것을 두려워하지 않는

충성스러운 그리스도인들이 있었습니다.

주님은 팔복 중 유일하게
핍박받는 자의 복에 대하서만 구체적인 설명을 덧붙입니다.
의를 위하여(최근 영문번역은 because of),
곧 예수님으로 인하여(11절, 나로 인하여)
"너희를 욕하고, 박해하고, 거짓으로…"등등의 말씀은
주님을 위한 십자가를 함께 짊어지고 가야하는 것을 뜻합니다.

주님도 그렇게 하셨기 때문에
우리들도 그 십자가를 짊어지고 따라가야 한다는 말씀입니다.

충성스러운 그리스도인
: 십자가의 삶

지금은 어느 때보다 충성스러운 그리스도인들이 필요한 때입니다.
자기 자신보다도 주님을 더욱 더 사랑하고,
자신의 생각보다도 하나님의 의를 이루어 나가야 합니다.

그런데 이 시대는 그리스도인이라는 자체가
왕따의 대상이 되고 있습니다.

신앙고백을 하는 즉시 사형수가 되던
로마시대와 다를 바가 없습니다.

그래서 우리는 처음 신앙을 회복해야 하는 것입니다.
그리스도인이라는 사실을 무의식적으로 감추려한다거나
필요할 때에는 장식품처럼 십자가를 달고 다니다가도
언제든지 나에게 불리하겠다는
생각이 들면 예수님을 부인하려고 한다면 희망이 없습니다.

충성스러운 그리스도인은 고사하고
성도라는 이름조차 붙일 수 없는 교인들이 많습니다.
그래서 주님도 말씀하십니다.

" 누구든지 나를 따라오려거든
  자기를 부인하고 자기 십자가를 지고 나를 따를 것이니라.
  누구든지 제 목숨을 구원하고자 하면 잃을 것이요
  누구든지 나를 위하여 제 목숨을 잃으면 찾으리라 "
  (마 16:24-25)

본문에서 강조하는 충성스러운 삶은

곧 십자가의 삶을 이야기합니다.

예수님은 분명히 십자가를 지고 가셨으며,

우리들에게도 십자가를 지고 따르라고 하십니다.

십자가를 지기 위해서는

먼저 자기를 부인해야만 합니다.

자기를 부인하지 아니하면 십자가를 질 수가 없습니다.

형틀이기 때문에 보기에 흉합니다.

부끄럽습니다.

한때는 장식품처럼 달고 다니지만

사실은 멸시와 조롱의 십자가였습니다.

이러한 십자가를 내가 지고 간다는 것은

자기 자신을 부인하지 않고는 불가능합니다.

십자가는

우리 자신에게 멀어질수록 흉하고 부끄럽지만

가까이 다가갈수록 상황이 달라집니다.

십자가 아래서 바라보면 주님이 보입니다.

우리의 죄를 구속하신 그 피가 보입니다.

그 피로 말미암아 나를 용서하시고 받아주시는

하나님의 자비하신 모습이 보입니다.

그래서 예배합니다. 찬송합니다. 기도합니다.
그러나 오늘 우리 주님은 말씀하십니다.
짊어지라고 하십니다.
나의 멍에를 메고 나를 배우라고 하십니다(마 11:29).

이것이 헌신입니다. 충성입니다.
우리들이 가야 할 길입니다.

충성된 자가 받을 복

고난도 복입니다.
그래서 그리스도의 영광에 함께 참여하기 위해서는
바울은 고난도 함께 받아야 한다고 역설하면서(롬 8:17-18),
"그리스도를 위하여 너희에게 은혜를 주신 것은
다만 그를 믿을 뿐 아니라 또한 그를 위하여
고난도 받게 하려 하심이라"(빌 1:29)고 격려합니다.

충성된 자가 받을 복에 대하여

가장 많이 인용되는 성경구절이 요한계시록 2장 10절입니다.

"너는 장차 받을 고난을 두려워하지 말라.

볼지어다 마귀가 장차 너희 가운데에서 몇 사람을 옥에 던져

시험을 받게 하리니 너희가 십 일 동안 환난을 받으리라.

네가 죽도록 충성하라

그리하면 내가 생명의 관을 네게 주리라."

조건이 있습니다.

그것이 바로 고난이며, 시험입니다.

그래서 너는 "장차 받을 고난을 두려워하지 말라"고 권면합니다.

오히려 산상수훈의 팔복에서는

"기뻐하고 즐거워하라"고 말씀하십니다.

박해받는 일로 고통스러워하거나

애통해 하지 말라는 것입니다.

본문을 그대로 직역하면

"기뻐하되 크게 뛰며 기뻐하라"고 되어있습니다.

'생명의 면류관!'

그것은 죽도록 충성하는 자가 받을 상급입니다.
사실 구원은 은혜로 받습니다.
하나님의 자녀가 되고 천국의 백성이 됩니다.

그러나 본문은 분명히 구별합니다.
예수 그리스도를 믿음으로 얻게 되는 구원 이상의 보상,
보다 더 큰 영광과 상급을 약속하고 있기 때문입니다.

묵상과
적용

01 예수 그리스도께서 박해를 받으신 이유가 무엇입니까?

그리스도인이 박해를 받는 이유를 설명해 봅시다.

_____

_____

02 오히려 박해 받는 것을 기뻐하고 즐거워하라고 말씀하셨습니다.

야고보서 1장 2절~4절 내용을 근거로 생각해 봅시다.

_____

_____

03 박해를 받는 자들이 받을 상급이 예비 되어 있습니다.

그러나 이미 이 땅에서도 상급을 받습니다. 어떤 상급일까요?

성경 인물이나 주위의 성도들을 중심으로 이야기해 봅시다.

_____

_____

_____

상 고난 중에도 믿음을 지켰던 믿음의 선배 윤동주 시인의 옛집에서
하 이 강만 건너면 북녘 땅인데... 고난 받는 북한땅 형제를 생각하며...

정치적인 이유만은 아니다.

가난과 질병으로부터 당하는 고통은 모든 인류가 함께 풀어야 할 고통이다.

복
받은 자들이
할 일

세상의
빛과 소금이 되라

"

너희는 세상의 소금이니 소금이 만일 그 맛을 잃으면 무엇으로
짜게 하리요 후에는 아무 쓸 데 없어 다만 밖에 버려져 사람에게
밟힐 뿐이니라 너희는 세상의 빛이라 산 위에 있는 동네가 숨겨지지
못할 것이요 사람이 등불을 켜서 말 아래에 두지 아니하고 등경
위에 두나니 이러므로 집 안 모든 사람에게 비치느니라 이같이
너희 빛이 사람 앞에 비치게 하여 그들로 너희 착한 행실을 보고
하늘에 계신 너희 아버지께 영광을 돌리게 하라

"

(마 5:13-16)

하나님이 아브라함에게

"너는 복이 될지라"(창 12:2)고 말씀하신 것처럼

그리스도인은 그 자체가 복입니다.

그러므로 복인 우리들은 이웃에게 축복을 많이 해야 합니다.

그 동안 팔복 강해를 통하여 복의 정의와 개념,

복을 누리는 방법과

진정한 복의 의미가 무엇인지를 살펴보았습니다.

본문은 팔복을 통하여

그리스도인의 구체적인 삶의 모습을 교훈합니다.

심령이 가난한 자가 바로 복이 있는 자요,

애통하는 자, 온유한 자, 의에 주리고 목마른 자,

긍휼이 여기는 자, 마음이 청결한 자, 화평케 하는 자가

복이 있는 사람이기에

이를 간단한 등식으로 표현하면 '그리스도인 = 복'이 될 것입니다.

본문 역시 마찬가지입니다만

적어도 이러한 복을 받고, 누리는 자라면

세상에 대하여 어떠한 자가 되어야 하는가를 말씀합니다.

성도는 곧 소금이며 빛이지만

'세상'의 소금이며(성도 = 소금),

'세상'의 빛(성도 = 빛)이 되어야 하는 것입니다.

너희는 세상의 소금이니

소금은 사람과 분리될 수 없는 관계를 가지고 있습니다.

소금은 인간이 생명을 유지하는데 있어서

반드시 필요한 무기질이며,

음식의 맛을 내는 조미료로써 오랫동안 이용되어 왔습니다.

유목생활을 하던 원시시대에는

우유나 고기를 먹음으로

그 속에 들어있는 소금을 자연스럽게 섭취할 수 있었으나

농경사회로 바뀌면서

식생활이 곡류나 채소를 위주로 하게 되어

따로 소금을 섭취할 필요가 생기게 되었다고 합니다.

소금은 방부제와 조미료의 성질뿐만 아니라

청정(淸淨)과 신성의 상징으로 여겼으며

흔히 초자연적인 힘을 갖는다고 생각했습니다.

성경에도 그 예가 있습니다.

" 이는 여호와 앞에

너와 네 후손에게 영원한 소금 언약이니라 "

(민 18:19)

" 네 모든 소제물에 소금을 치라.

네 하나님의 언약의 소금을 네 소제에 빼지 못할지니

네 모든 예물에 소금을 드릴지니라 ˝

(레 2:13)

한국에서도 미신적 풍습 중

나쁜 것을 쫓는 데 소금을 뿌리는 습관이 있었습니다.

이것은 고대국가의 종교의식에서

변하지 않는 소금의 성질 때문에

계약을 맺거나 충성을 맹세하는 과정에서

중요한 징표로 사용되었던 것으로 보입니다.

한편 소금의 생산지인 해안이나

암염, 염호 등이 있던 장소는

수렵민이나 농경민이 소금을 교환하기 위한

교역의 중심지가 되었으며

점차 소금을 얻기 위한 국가 간의 교역로가 발달하게 되었습니다.

중국, 이집트, 페르시아 등의 나라에서는

행정적으로 소금의 생산 및 공급을 통제하였으며,

생활필수품인 소금을 화폐로 사용하였습니다.

그래서 로마에서는 군인이나 관리의 봉급을 소금으로 주었습니다.

일을 하고 받는 대가를 영어로 salary라고 하는데
이 말은 '병사에게 주는 소금 돈' 이라는 라틴어 salarum에서
유래됩니다.

우리나라에서도 확실하지는 않지만
삼국시대에 이미 소금이 있었으며
공물로 사용된 기록이 있습니다.
고구려 15대 미천왕 '을불' 은 소금 장사였다고 전해지고 있습니다.
소금이 식품의 맛을 돋우는 조미료,
생선과 고기의 보존과 부패를 막는 방부제,
청정과 신성의 상징이며 관계를 회복시키는 화목제 등으로
쓰임을 받는 것처럼
성도들도 세상에서 살맛을 나게 하는 감미료가 되고
죄악과 부패를 막는 방부제가 되고
하나님과 인간, 인간과 인간을 화평케 하는
화목제로서의 소금이 되어야 합니다.

너희는 세상의 빛이라

소금은 부패한 세상을 비유로 표현하면서
그리스도인의 역할을 강조한다면
빛은 흑암과 무지로 인한 어두운 세상을
은유적으로 표현하기 위해 말씀하신 것입니다.

예수님께서도 자신을 세상의 빛이라고 말씀하셨습니다.
"나는 길이다. 진리다. 생명이다. 양의 문이다. 목자다"
라고 하신 예수님은 명절에 예루살렘에 올라오셨다가
대낮에 간음하다 잡혀 온 여인을 정죄하지 아니하신 후
스스로 "나는 세상의 빛이다"(요 8:12)라고 하셨습니다.
예수님은 하늘 보좌를 버리고
어둡고 깜깜한 세상에 빛으로 오신 분이십니다.
그래서 마태는 그의 오심을 이사야의 글(사 9:1-2)을 인용하면서
"흑암에 사는 백성이 큰 빛을 보았고
사망의 땅과 그늘에 앉은 자들에게 빛이 비치었다"(마 4:16)고
소개하였고,
예루살렘에서 이스라엘의 위로를 기다리던 시므온은

아기 예수를 안고

"이는 만민 앞에 예비하신 것이요, 이방을 비추는 빛이요,

주의 백성 이스라엘의 영광"(눅 2: 25-32)이라고 노래하였습니다.

그러나 본문이 강조하는 것은

우리들도 빛이 되어야 한다(마 5:14)는 것입니다.

예수님이 세상의 빛이 되어주셨기 때문입니다.

맹인이 맹인을 인도하면

둘이 다 구덩이에 빠집니다(마 15:14).

그러므로 우리들에게도 빛이 없으면

세상의 소금과 빛이 될 수가 없습니다.

" 너희가 전에는 어둠이더니 이제는 주 안에서 빛이라.

빛의 자녀들처럼 행하라 "

(엡 5:8)

그러나 우리들은 발광체가 아닙니다.

빛을 내지 못합니다.

그러므로 더욱 더 빛이 되신 주님과 동행하므로

그의 빛을 비출 수 있는 반사체가 되어야 하는 것입니다.

맛을 잃은 소금이나
등대역할을 못하는 빛이라면...

맛 잃는 소금.
감춰진 등대.
숨겨진 그리스도인.
자기 역할을 못하는 성도.
이 모든 것이 이름뿐인 예수쟁이를
표현한 말씀입니다.

"소금이 만일 그 맛을 잃으면 무엇으로 짜게 하리요?"

이 말씀은 단순한 가정이 아닙니다.
고대 블레셋지역의 평민들은 주로 암염(巖鹽)을 사용하였습니다.
물론 이 소금 돌에는 여러 가지 불순물들도 섞여 있었습니다.
그래서 물에 넣어 정제를 잘 해야 합니다.
그리고는 버리게 되는데

이 폐기물을 예수님은 '맛 잃은 소금'으로 말씀하신 것입니다.

더구나 이 맛 잃은 소금은
경작지에 버리면 토양을 버리게 됨으로
부득이 길거리에 버려집니다.
당연히 행인들의 발길에 밟히게 됩니다.
성도들이 복음의 능력을 상실하고,
도덕적으로 자기 역할을 못하면 똑 같은 일을 당합니다.

더구나 이 말씀을 가만히 생각해 보면
2천 년 전 주께서
이미 오늘날의 한국교회를 알고 계셨음이 분명합니다.
왜냐하면 오늘날 한국 교회와 성도들이 왕따를 당하고,
폄훼를 당하는 이유가 너무나 확실하기 때문입니다.

빛에 대해서도 마찬가지입니다.
15절의 시작은
"사람이 등불을 켜서 말 아래 두지 아니 하고"라고 했습니다.

등불을 숨기기 위해 켜는 사람은 없습니다.

그만큼 그리스도인들의 사명이 분명하다는 이야기입니다.
본문을 문자적으로 번역한 공동번역에는
"등불을 켜서 됫박으로 덮어두는 사람은 없다" 로 되어 있습니다.

이 말은 등불을 켜되, 감추기 위해서 켠다는 말이기 때문에
앞뒤가 맞지 않습니다.
빛을 발하지 못하는 그리스도인,
어두움 밖에는 드러낼 것이 없는 그리스도인은
그리스도인이 아닙니다.

우리 스스로 빛이 없을지라도
당연히 그리스도인들은 예수님의 빛을 반사하는
빛 된 그리스도인이 되어야 합니다.

"너희 착한 행실을 보고."

모든 사람들이
하나님 아버지께 영광을 돌리게 하는 삶이
빛과 소금이 된 온전한 그리스도인의 모습입니다.
그래서 주님은 팔복을 선언하신 후에

우리들에게 빛과 소금이 되라고 말씀하고 계신 것입니다.

묵상과
적용

01 마태복음의 팔복은 말 그대로 '복음'의 내용 그대로라고 합니다.

팔복을 말씀하신 후

바로 제자들에게 빛과 소금이 되라고 말씀하신 이유가 무엇일까요?

_____

_____

02 빛과 소금이 가진 성질과

이것이 그리스도인에게 던져 주는 영적인 교훈이 무엇인지 생각해 봅시다.

_____

_____

03 현실적으로 빛과 소금의 역할을 감당하기 위하여

우리가 해야 할 일이 무엇인지를 구체적으로 열거해 봅시다.

_____

_____

_____

영적으로든 세상으로든 이만한 은혜를 받은 사람도 드물 것이다.
그래서 더욱 더 책임이 크고 누리는 혜택만큼이나 주어진 사명도 큰 것이다.

누구나 복을 좋아합니다.

한국 사람만 그런 것이 아닙니다.

모든 인간이 다 복 받는 사람이 되어야 합니다.

성경은 복을 선포합니다.

하나님은 아브라함에게 복을 주시겠다고 약속하셨고

그로 인하여 천하 만민이 복을 받을 것이라고 하셨습니다.

선생님은 최악의 삶을 살면서도

늘 자신은 복을 받은 사람이라고 하셨고,

받은 복을 나누기 위하여 교사가 되셨다고 하셨습니다.

저희 가정이 그 혜택을 가장 먼저 누린 것 같습니다.

새벽마다 목탁 소리와 향내 가득한 우리 가정에 오셔서

불경 소리를 찬송소리로 바꾸어 주신 분이 바로 선생님이십니다.

요즘 세상에 회갑을 챙기는 사람도 있느냐고 하시며
오히려 모든 제자들이 '복 받는 길'로 가는 것이 소원이라 하셔서
선생님이 친히 강의하신 예수님의 '팔복'을 책으로 엮었습니다.

'산상보훈' 중에서도 팔복 중심의 작은 책자로 만든 것은
아직도 '복된 길'을 알지 못하는 제자들이 있다면
꼭 함께 그 길을 걷고 싶다고 말씀하셨기 때문입니다.

이러한 마음을 담는 책으로 만들기 위해서
목회자들을 위한 칼럼집이나 설교 자료집과는 달리
얇은 책이지만 아기자기하게 꾸미기 위해서 노력하였습니다.

이 일을 위하여 수고해 주신 여러분! 정말 고맙습니다.
특히 선생님의 제자들이 전국과 전 세계에 산재해 있음에도 불구하고
각 분야의 대표로 성원해 주신 여러분들에게 깊은 감사를 드립니다.

2015년 4월 20일

편집인 대표 손 우 정 목사

상 : 대학생 시절 선생님과 함께 한 편집인 대표
하 : 선생님 부부와 함께 한 편집위원 일동

복 받는 길

초판 1쇄   2015년 5월 12일
지은이   손윤탁
펴낸이   김현태
펴낸곳   따스한 이야기

등록   No. 305-2011-000035
전화   070-8699-8765
이메일   jhyuntae512@hanmail.net
총판   생명의 말씀사
주문전화   02)3159-8211
팩스   080-022-8585,6

값 12,000원